ACADÉMIE DE DROIT INTERNATIONAL
DE LA HAYE
établie avec le concours de la
Dotation Carnegie pour la Paix Internationale

Séance Solennelle
d'Inauguration

14 Juillet 1923

PARIS

IMPRIMERIE ET LIBRAIRIE CENTRALES DES CHEMINS DE FER

IMPRIMERIE CHAIX

SOCIÉTÉ ANONYME

(Succursale B), 11, Boulevard Saint-Michel

1923

ACADÉMIE DE DROIT INTERNATIONAL DE LA HAYE

établie avec le concours de la

Dotation Carnegie pour la Paix Internationale

Séance Solennelle d'Inauguration
14 Juillet 1923

L'Académie de Droit international de La Haye, établie avec le concours de la Dotation Carnegie pour la paix internationale, a été inaugurée solennellement le 14 juillet 1923, au Palais de la Paix, à La Haye, dans la grande salle d'audience de la Cour permanente de Justice internationale.

De très nombreuses notabilités de toutes nationalités assistaient à cette cérémonie. On remarquait dans l'assistance tout le corps diplomatique accrédité à La Haye, le président et les membres de la Cour permanente de Justice internationale, les représentants de la Société des Nations, les membres du Gouvernement néerlandais qui se trouvaient à ce moment dans la capitale, de nombreux membres des deux Chambres des États généraux, le gouverneur de la Résidence et un grand nombre de hauts fonctionnaires de l'administration de l'État et des administrations provinciale et municipale.

Était également présente Mme van Karnebeek, mère de M. le Ministre des Affaires étrangères, sous la présidence duquel avait lieu la cérémonie, et femme du Ministre d'État des Pays-Bas qui, jusqu'au mois de mars 1923, assuma la présidence du Conseil d'administration de l'Académie et qui, à son très vif regret, se trouva empêché pour des raisons de santé d'assister en personne à la séance.

Un grand nombre de marques de sympathie avaient été prodiguées à l'Institution nouvelle par les Corps savants du monde entier. Des adresses ou des télégrammes avaient été reçus notamment de la part de l'Université d'Athènes, de l'Université d'Aabo (Suède), de l'Université de Dorpat (Esthonie), de l'Université de Léopol (Ukraine), du Bureau central de l'Union des groupes académiques russes à l'étranger (Prague), de l'Institut scientifique russe à Berlin, de l'Union juridique internationale, etc...

La séance fut ouverte à 3 heures sous la présidence de S. E. le Jonkheer H. A. van Karnebeek, ministre des Affaires étrangères des Pays-Bas.

M. P. W. A. Cort van der Linden, ministre d'État, président de la Fondation Carnegie de La Haye et du Conseil d'administration de l'Académie, prit le premier la parole au nom de la Fondation Carnegie de La Haye.

DISCOURS DE M. P. W. A. CORT VAN DER LINDEN

Mesdames et Messieurs,

Soyez les bienvenus au Palais de la Paix.

Peut-être y aura-t-il parmi vous quelques personnes qui se demandent si ce nom est bien mérité. Une année seulement après l'inauguration de cet édifice, la grande guerre éclata. Et nous nous rendons compte que nous sommes encore loin de cette patrie universelle où la justice et la paix règneront à jamais.

Notre pauvre monde, las de guerre et de souffrances, chancelle entre le scepticisme et les illusions. Tâchons donc de voir la réalité.

Par les conquêtes de la science, par l'augmentation des richesses et des moyens de les distribuer, par les progrès de l'industrie, par le développement du commerce et du crédit, les relations des hommes se multiplient sans cesse.

Ces relations sont régies par des forces morales, politiques et économiques, qui se manifestent par des attractions et des répulsions et, de temps en temps, par des tensions insupportables qui causent des guerres et des révolutions.

Une grande partie du globe est divisée entre États souverains dont le territoire, la population et la puissance varient continuellement, sans qu'il y ait un principe de droit qui régisse toutes ces variations. Et les peuples réclament, chacun pour soi, le droit de vivre et de se développer. Les produits de la terre sont distribués entre les États, sans que ce partage semble tou-

jours être en concordance avec les droits de l'homme et avec ces principes d'égalité et de fraternité, qui ont des partisans nombreux dans le monde entier. Des théories de justice sociale diamétralement opposées déterminent la politique de partis dont l'influence dépasse les frontières. La concentration des institutions de crédit dans les divers États tend à transformer le crédit individuel en un crédit national, ce qui, à la suite de crises politiques, cause des convulsions économiques ébranlant les bases mêmes de la civilisation. Et enfin, le conflit des doctrines de la morale, de l'âme et de Dieu continue à déchirer l'humanité.

Si donc telle est la réalité des choses, il est évident que ni les efforts des hommes de bonne volonté, ni la sagesse des jurisconsultes ou des hommes d'État ne peuvent nous garantir pour toujours la paix.

Car les hommes et les nations sont entraînés trop souvent par leurs instincts primitifs, leurs passions et leur égoïsme. D'autre part, nous voyons les hommes, animés par une parfaite abnégation, donner leur vie pour un but idéal. C'est bien là notre faiblesse tragique que nous ne pouvons concevoir l'idée de l'harmonie du monde. De la lumière divine, de faibles reflets seulement éclairent la conscience des hommes, différenciés profondément par la nature et par les traditions. Si donc, dans les périodes de crise, nous demandons aux hommes dévoués au devoir : « Pourquoi voulez-vous vous battre » ?, nous entendrons, de part et d'autre, les anciennes réponses : « Pour le salut de la patrie, par l'amour de la justice, parce que la voix de Dieu nous appelle ».

Et pourtant, Mesdames et Messieurs, nous pouvons avoir confiance en la destinée des choses humaines. L'histoire universelle, c'est l'histoire de l'éducation de l'humanité. Le progrès est retardé par des révolutions et des guerres, par des réactions et des décadences, mais les civilisations successives révèlent l'unité du genre humain. Cette unité justifie la promesse du prophète Isaïe, la promesse de la justice et de la paix.

*

Ainsi, animés de cette confiance, nous sommes sûrs que c'est une œuvre de paix qui continue à s'accomplir dans ce Palais, œuvre que Carnegie a inaugurée par la fondation de cet édifice, et que ceux dont l'effort a abouti à la création de l'Académie, comme Asser, van Karnebeek et Brown Scott, ont poursuivie. Ici siège la Cour permanente d'Arbitrage. Ici encore siège la Cour de Justice internationale, qui rend des arrêts conformes aux normes de droit reconnus par la famille des nations. A l'Académie, sous les auspices de la Société des Nations et avec le concours de la dotation Carnegie, des professeurs éminents enseigneront ces normes, ils montreront ce qui s'est déjà réalisé, et leur œuvre tendra à fortifier l'unité des opinions. Ils guideront l'opinion publique de manière à écarter le pessimisme et les utopies, pour continuer la marche pour la conquête du droit. Certes, dans ce monde où nous vivons, tout change sans relâche. Le droit d'aujourd'hui ne sera pas le droit de demain. Le flambeau que nous tenons, nous le donnerons, comme ces coureurs de Lucrèce, à de nouvelles générations, peut-être à une nouvelle civilisation. Mais nous le remettrons brûlant.

MESDAMES ET MESSIEURS,

Nous inspirant de cette croyance et de ces efforts, nous ne doutons plus qu'ici soit la maison de la paix.

M. Charles LYON-CAEN, secrétaire perpétuel de l'Académie des Sciences morales et politiques de l'Institut de France, doyen honoraire de la Faculté de Droit de l'Université de Paris, président du Curatorium de l'Académie, prononça ensuite, au nom de l'Académie, le discours suivant :

DISCOURS DE M. CHARLES LYON-CAEN

MESDAMES ET MESSIEURS,

La séance que nous tenons aujourd'hui, devait avoir lieu il y a neuf ans; tout était préparé pour l'inauguration de l'Académie de

Droit international de La Haye en 1914, et l'enseignement devait commencer en 1915. La guerre a empêché la réalisation de ce projet.

La nouvelle institution va fonctionner à partir d'après-demain et cela sur les bases mêmes qui lui ont été données par les hommes éminents qui, après de longues et soigneuses discussions poursuivies de 1912 à 1914, ont arrêté les statuts. Ils ont été si admirablement rédigés et tout y a été si bien prévu qu'après neuf années, on n'a rien trouvé à y modifier. Aussi est-ce, pour nous, un devoir d'exprimer avant tout la plus vive reconnaissance à ceux qui ont, dès 1914, organisé cette institution de haut enseignement. Nous devons remercier spécialement un de ces ouvriers de la première heure que nous avons le plaisir de voir parmi nous, M. James Brown Scott, directeur de la Section de Droit international de la fondation Carnegie; quand il s'agit de servir la cause du droit et de la paix, il se décide plus facilement à traverser l'Atlantique que nous à aller de Paris à Versailles ou de La Haye à Amsterdam. Il a été le principal inspirateur des membres de la Dotation Carnegie qui, avec une générosité et une hauteur de vues toute américaines, donnent le concours le plus précieux à l'Académie de Droit international.

Pourquoi faut-il que la plupart de ceux qui ont si bien travaillé à l'organisation de cette Académie aient disparu de ce monde et ne puissent assister au succès qui couronne aujourd'hui leurs efforts et ne soient pas à l'honneur quand ils ont été à la peine? Je ne puis citer les noms de tous, mais il me sera, du moins, permis de mentionner, parmi ceux qui ont le plus contribué à l'organisation de l'œuvre nouvelle, nos très chers et très regrettés confrères Asser et Louis Renault. Par leurs enseignements, par leurs travaux poursuivis dans leurs patries, aux Pays-Bas et en France, par leur participation active et efficace à de grandes conférences, ils se sont acquis des titres ineffaçables à la reconnaissance de tous ceux qui croient au triomphe du Droit dans les rapports internationaux et à la possibilité de substituer à la force des moyens pacifiques de règlement des conflits entre les États. Les survivants qui les ont vus à l'œuvre conservent pieusement leur souvenir. Ils mériteraient assurément que leurs noms figurâssent en lettres d'or sur les murs intérieurs de ce Palais.

D'après les statuts de 1914, l'Académie de Droit international a deux organes principaux : un *Conseil d'administration* et un *Curatorium.*

Le Conseil d'administration est composé des directeurs de la Dotation Carnegie pour le Palais de la Paix. Il comprend exclusivement des membres de nationalité hollandaise et a son siège permanent à La Haye. Comment une grande école de Droit international pourrait-elle être mieux représentée et dirigée que par des compatriotes de Grotius présidés par des hommes d'État d'une haute expérience ?

Le Curatorium a une composition toute différente; il se compose de douze membres de douze nationalités; la direction scientifique de l'Académie lui est confiée. C'est à lui qu'il appartient d'organiser l'enseignement, en déterminant lès sujets des cours et des conférences, en choisissant les professeurs, en fixant la durée des périodes de l'enseignement. Le Curatorium a un Bureau composé du président, d'un secrétaire qui l'assiste, du vice-président et du secrétaire général de l'Académie. A raison même de sa composition, le Curatorium ne peut avoir que des réunions peu fréquentes; son Bureau joue le rôle d'une sorte de section permanente. Par suite de la nationalité et du domicile du président actuel, c'est à Paris qu'il a fonctionné en 1922 et en 1923.

Le Curatorium n'a pu se réunir depuis 1922 que deux fois. Les réunions ont eu lieu en France, à Grenoble et à Paris. Il a pris d'importantes décisions de principe auxquelles son Bureau s'est conformé dans toute la mesure du possible.

Le Bureau du Curatorium a depuis le commencement du mois de décembre dernier tenu une séance presque chaque semaine.

Le Curatorium a dû fixer avant tout la durée de l'enseignement pour 1923. Cette durée peut, d'après les statuts, être de trois mois. Mais il a semblé que, pour une première année, qui nécessairement est une année d'essai, il était sage de réduire cette durée maxima à six semaines, divisées en deux périodes égales, allant, l'une du 16 juillet au 3 août, l'autre du 13 août au 1er septembre. Sans doute l'Académie de Droit international est une institution ayant la plus complète indépendance et, on peut le dire, unique en son genre. Mais un obstacle dont il était impossible de ne pas tenir compte a paru s'opposer, pour cette année, à l'admission d'une durée plus longue de l'enseignement; au mois d'août et au mois de septembre, la plupart des personnes enseignant à notre Académie assisteront soit à la session de l'Institut de Droit international qui se tiendra du 4 au 11 août, à Bruxelles, soit à l'assemblée de la Société des Nations, qui se réunira le 3 septembre à Genève.

Le Curatorium a pris une seconde résolution générale; il a admis que, pour cette année, les sujets de l'enseignement ne se rapporteront qu'au Droit international de la paix, qui comprend naturellement les moyens pacifiques destinés à résoudre les différends entre les États. Les sujets se rattachant au droit de la guerre ont donc été exclus. Ce n'est pas certes que cette partie du Droit international n'ait la plus haute importance et soit voisine de la perfection, malgré les conventions de La Haye de 1899 et de 1907. Il y a bien des modifications à apporter aux règles qui constituent le Droit international de la guerre, et surtout il faut chercher les moyens de les faire respecter. Mais la grande conflagration, qui a mis aux prises pendant plus de quatre ans tant d'États et les traces qu'elle a laissées, empêchent que les questions relatives au droit de la guerre puissent être actuellement étudiées avec l'impartialité qui doit être un des caractères principaux de l'enseignement donné à l'Académie de Droit international.

Les matières les plus variées seront enseignées. Il sera traité de l'histoire du développement du Droit international depuis le xviie siècle, des droits et des devoirs des États, des Unions internationales, de la Croix-Rouge, de l'Union panaméricaine, de la Société des Nations, de la Cour permanente de Justice internationale, de la liberté des mers, du régime de la mer territoriale, des fleuves et canaux internationaux, de la navigation aérienne, des attributions des consuls, de la protection des nationaux et de celle des minorités, des finances internationales, de la conduite des affaires extérieures dans les gouvernements démocratiques. Cette longue énumération est loin d'être complète.

Sur ces matières variées il y aura des leçons, des conférences et des séminaires dans lesquels les auditeurs approfondiront les sujets sous la direction de leur maître, dans une intimité féconde.

Il est à peine besoin de faire remarquer que même tous les sujets se rapportant au Droit international de la paix n'ont pu être compris dans le programme ; autrement, le nombre des cours aurait été excessif. Les sujets laissés cette année de côté pourront avoir une place dans les années suivantes, telles sont notamment les questions relatives à la protection internationale de la propriété industrielle, artistique et littéraire, à la navigation commerciale maritime, à l'organisation internationale du travail, au droit d'intervention des États.

Une des conditions essentielles qui caractérisent notre Académie, est que l'enseignement y soit donné par des personnes de nationalités très différentes : elle doit être internationale avant tout par la composition du corps enseignant, qui, du reste, peut varier suivant les années. Aussi, avons-nous dû, pour élever quelque peu le nombre des professeurs et, par suite, le nombre des nationalités qu'ils représentent, assigner aux cours et conférences des sujets restreints et fixer pour chacun un petit nombre de leçons (il ne dépasse jamais dix). Ce système a, d'ailleurs, un autre avantage, celui de permettre à chaque professeur d'approfondir d'autant plus chaque sujet que la surface en est plus limitée.

Le Bureau, au nom du Curatorium, a demandé le concours de professeurs d'Universités, de diplomates, d'hommes d'État, de publicistes de presque toutes les nations du monde. La plupart de ceux auxquels on s'est adressé, se sont empressés d'accepter l'offre qui leur était faite, en faisant l'éloge de l'œuvre entreprise et en se déclarant heureux et honorés d'y participer.

Cette année, l'enseignement sera donné par 32 personnes de seize nationalités différentes. 9 professeurs appartiennent à des États de l'autre côté de l'Atlantique (6 Américains des États-Unis, 1 Mexicain, 1 Chilien, 1 Cubain), le nouveau monde donne ainsi à l'enseignement un concours considérable ; pour l'Europe, il y aura notamment dans le corps professoral 4 Français, 3 Allemands, 2 Anglais, 2 Belges, 2 Russes, 2 Hollandais. Les autres nations seront représentées chacune par un seul professeur. Chacune des deux périodes d'enseignement comprendra 16 cours ou conférences, donnant 71 heures d'enseignement, soit au total 142 heures.

Il ne fallait pas s'occuper seulement de choisir des professeurs, mais aussi de recruter des auditeurs, des élèves. Pour cela, il était nécessaire de faire connaître dans le monde entier l'existence de l'Académie de Droit international, la date de l'ouverture de ses cours, leurs objets, les noms des professeurs. Il a fallu avoir recours à des moyens de publicité divers. Une circulaire rédigée en français et traduite en allemand, en anglais, en espagnol, en hollandais, en italien, a présenté l'historique de l'institution, indiqué le but qu'elle poursuit, expliqué son organisation. Cette circulaire a été adressée avec le programme des cours et des conférences, aux recteurs de toutes les Universités, aux doyens de toutes les Facultés de Droit, à tous les professeurs de Droit international, aux membres des corps diplomatiques, aux magistrats et aux avocats des juridictions les plus importantes de tous les pays. Des mesures de publicité collectives ont été également prises ; des affiches ont été adressées à toutes les Universités, des circulaires et des programmes ont été encartés dans un certain nombre des revues générales les plus répandues et dans des revues spéciales d'ordre juridique. La publicité a été naturellement plus grande dans quelques pays que dans d'autres, nous avons pu la faire très large en Angleterre, en Belgique, dans les Pays-Bas et en France.

Le nombre des auditeurs qui ont demandé au Conseil d'administration leur admission aux cours et conférences semble indiquer que ces mesures de publicité ont atteint leur but. Sans doute, ce nombre, déjà très important (il atteint 350), n'est pas aussi élevé qu'il le sera dans l'avenir. Mais, outre qu'il s'agit d'une institution toute nouvelle dont le renom ne s'étendra que peu à peu dans le monde, la situation financière de quelques pays et l'état même des relations internationales constituent des obstacles à ce que, cette année, les cours de l'Académie de La Haye soient plus fréquentés. Espérons que ces obstacles ne tarderont pas à disparaître et que, dans un avenir prochain, les auditeurs se presseront plus nombreux dans les salles de cours du Palais de la Paix qu'il sera sans doute nécessaire d'agrandir. L'éminent architecte français, M. Cordonier, qui a dressé le plan et a présidé à sa construction, ne pouvait pas prévoir que le Palais de la Paix abriterait un jour une institution de haut enseignement dont les élèves viendraient en foule de tous les pays du globe.

L'utilité d'un enseignement complet et approfondi du Droit international donné dans la même institution par les hommes les plus compétents des différents États du monde, a déterminé en 1914 la création de l'Académie de La Haye. Les événements accomplis depuis neuf ans, n'ont fait que mieux faire comprendre les grands services qu'elle peut rendre; ces événements ont prouvé que les principes du Droit international sont peu connus et, surtout, que la volonté de les respecter est peu répandue. Les violations du Droit international pendant la dernière guerre ont été si nombreuses que cette branche du Droit a été l'objet de fréquentes moqueries et qu'on a parfois été jusqu'à en nier l'existence. Il y a là une erreur grave qu'il importe de combattre. Les maux qui nous ont atteints et dont souffre le monde proviennent, en partie au moins, de ce que le Droit international est ignoré et surtout de ce que la volonté de le respecter fait trop souvent défaut à ceux qui le connaissent. L'enseignement donné chaque année à l'Académie de La Haye pourra servir à répandre dans le monde l'idée que le respect du Droit seul peut assurer la paix entre les États. Il n'y a certes pas de but plus élevé, en même temps que plus difficile à atteindre. Pour y parvenir, il n'existe pas de moyen direct et unique. Mais des moyens indirects, multiples et variés peuvent être employés et il ne faut en dédaigner aucun. Sans doute, des institutions officielles, comme la Société des Nations et la Cour permanente de Justice internationale auxquelles se rattachent de grandes espérances, contribueront à améliorer les rapports entre les États et à exclure ou à restreindre, tout au moins, beaucoup le recours à la force. Mais des institutions privées, comme l'Académie de Droit international, peuvent aussi jouer un très grand et très noble rôle.

Un jour le Droit sera le souverain du monde. C'est la prédiction du grand orateur du début de la Révolution française, Mirabeau. L'Académie de Droit international de La Haye aidera, nous en avons le ferme espoir, à hâter la réalisation, sans doute encore lointaine, de cette prédiction. Si elle y parvient dans quelque mesure, elle aura bien mérité de nos patries respectives et de l'humanité.

Après le discours de M. le Président du Curatorium, S. E. M. le Jonkheer H. A. van KARNEBEEK, ministre des Affaires étrangères de S. M. la Reine des Pays-Bas, prit la parole en ces termes au nom du Gouvernement de S. M. la Reine des Pays-Bas :

DISCOURS DE
S. E. M. LE JONKHEER H. A. VAN KARNEBEEK

Après les deux discours qui viennent d'être prononcés et dans lesquels les origines et le caractère de l'Académie ont été exposés avec une élévation d'esprit digne de cette cérémonie, je me fais un devoir de prendre la parole pour exprimer les sentiments qui animent le Gouvernement de Sa Majesté la Reine en cette occasion solennelle.

Je tiens tout d'abord à saluer et à féliciter le Curatorium et le Conseil d'administration, les deux organes de l'Académie, auxquels la direction a été confiée. Fidèles à leur mission, ils ont eu le courage de reprendre le fil qui semblait perdu au milieu des événements qui, en 1914, sont intervenus au lendemain de leur constitution. En s'inspirant de la grande pensée qui présida à la création de l'Académie, ils ont donné un bel exemple de persévérance et de foi auxquels le peuple néerlandais, dont je me fais l'interprète, rend volontiers hommage en joignant ses vœux aux souhaits de tous ceux à qui l'avenir du droit international est cher et qui considèrent que le devoir suprême de la communauté internationale consiste à en établir et en étendre l'empire.

Je salue également les hommes d'État et les jurisconsultes éminents qui sont venus en ces lieux pour y faire rayonner leurs lumières, en apportant aux cours qu'ils se proposent de donner toute l'autorité de leur nom et de leur compétence, qu'ils soient — en tant qu'étrangers — les bienvenus aux Pays-Bas où on est heureux de les accueillir et de leur témoigner toute la sympathie et l'estime qu'inspire l'objet de leur visite.

Je remercie aussi les Gouvernements qui ont accepté l'invitation du Gouvernement royal de se faire représenter à cette cérémonie. Le Gouvernement royal, en respectant le caractère international et autonome de l'Académie, a suivi les développements qui ont abouti à sa fondation avec le plus grand intérêt. Il a été heureux, chaque fois que son concours fut sollicité, de lui prêter son appui et il félicite l'Académie du fait que tant de puissances aient répondu aujourd'hui à l'appel dont il s'est fait l'interprète.

Je salue finalement les représentants de la Société des Nations et les juges de la Cour permanente de Justice internationale dont la présence ajoute à l'éclat de cette séance d'ouverture.

Mesdames et Messieurs,

Dans son remarquable rapport au Comité consultatif de la Fondation Carnegie pour la paix internationale, M. James Brown Scott, son éminent secrétaire général et directeur de la division de Droit international, qui se trouve parmi nous et en qui nous saluons un des grands promoteurs de l'institution que nous inaugurons aujourd'hui, a fait, au profit de la postérité, le tableau détaillé et complet de la genèse de l'Académie. La lecture de cet admirable travail et des documents qui y sont annexés, nous reporte vers une époque qui semble déjà lointaine. Nous nous retrouvons en présence de cette élite d'hommes, de nationalités différentes, qui ont illustré le début de ce siècle d'un effort commun au service de la coopération internationale. Beaucoup d'entre eux, Asser, Renault, von Bar, Fleischer, Sturdza, Hagerup, Fusinato et d'autres, dont les noms sont à jamais associés aux origines de l'Académie, ne sont plus parmi nous. Nous les saluons d'un geste de respect et de reconnaissance, conscients que leur œuvre, malgré le défi que lui ont lancé les événements de la dernière décade, n'a pas été vaine, et que le monde, malgré les apparences et les courants contraires, cherche à reprendre la voie qu'ils nous ont tracée. Dans le sol fertile préparé par les deux grandes conférences de La Haye, ont successivement pris racine la Cour d'arbitrage, l'incomparable Bibliothèque internationale, également installée dans ce Palais grâce à la munificence d'un citoyen de la grande République américaine, et la Cour permanente de Justice internationale, tandis que, à l'heure où nous sommes, l'Académie, centre de hautes études et de droit international internationalisé, est venue compléter l'ensemble des institutions juridiques que le monde, en écoutant la voix de la raison et de la conscience humaine, a créées au milieu des luttes et des contestations. Cette cérémonie, qui succède de près à celle de l'ouverture de la Cour de Justice, est une manifestation nouvelle de ce besoin profond et irrésistible de l'homme de régler la société humaine sur la base du droit. C'est un pas nouveau, fait dans la voie du progrès et de l'évolution synthétique de la communauté internationale. C'est un encouragement qui s'adresse à ceux qui savent attendre et distinguer les choses passagères des choses impérissables, sans désespérer.

Devant cette signification morale de l'acte qui s'accomplit aujourd'hui, les Pays-Bas s'inclinent avec joie et reconnaissance. Fiers de pouvoir entourer de leur sympathie et de leurs soins l'institution nouvelle qui s'établit sur leur sol, le peuple néerlandais et le Gouvernement de la Reine forment les vœux les plus sincères pour son succès et son développement.

MESDAMES ET MESSIEURS,

Les organes appelés à distribuer la justice internationale sont là et fonctionnent. A leurs côtés l'enseignement du droit international reçoit aujourd'hui une consécration nouvelle. Permettez-moi, en terminant, d'exprimer l'espoir que, dans un avenir rapproché, l'élaboration collective et systématique du droit international lui-même puisse aussi être reprise. Comme l'a dit un jour le professeur Nippold, de Berne, le développement du droit international est une des tâches les plus difficiles de la science et de la politique. Néanmoins, c'est une tâche qui s'impose aussitôt que les circonstances le permettent. Puisse l'Académie par le rayonnement de son influence contribuer à hâter la réalisation de ce vœu.

Ce fut ensuite le tour de M. J. A. N. PATIJN, bourgmestre de La Haye, d'adresser à l'Académie les félicitations et les vœux de la ville de La Haye.
Voici le texte de l'allocution prononcée par M. le Bourgmestre :

DISCOURS DE M. J. A. N. PATIJN

MONSIEUR LE PRÉSIDENT,

Puisque le Conseil d'administration m'a fait l'honneur de m'inviter à dire quelques paroles dans cette séance solennelle au nom de la municipalité de La Haye, je saisis l'occasion qui m'est offerte pour donner expression aux sentiments de reconnaissance et de vive satisfaction, avec lesquels nous saluons l'événement de l'inauguration de l'Académie de Droit international.

Sentiments de reconnaissance. Nous nous rendons compte de la suprême importance que peut avoir, pour notre ville, l'existence de cette Académie. Sans doute, le choix de La Haye, comme siège de cet institut, signifie un grand pas vers la réalisation de notre plus chère ambition, celle d'être un des centres de l'internationalisme. Nous savons gré de ce choix à vous, Messieurs, qui avez collaboré à cette grande œuvre et à la désignation de notre ville, comme d'un magnifique, d'un précieux cadeau.

Sentiments de satisfaction. Dans la circulaire que le Curatorium a fait paraître, il est parlé de « l'atmosphère de l'Académie de La Haye » et j'y trouve le passage suivant :

« Mis en contact, dans un commerce scientifique quotidien, les représentants des diverses écoles nationales parviendront à mieux comprendre les raisons des divergences doctrinales et pratiques des autres pays. Leurs points de vue particularistes finiront par faire place à une conception commune, internationale. »

Déjà, il y a environ un an, un grand homme d'État anglais a parlé de l'atmosphère de La Haye comme étant favorable à un rapprochement international.

Aucun compliment ne saurait être plus agréable à la municipalité que ces deux déclarations, venant d'autorités aussi compétentes. D'autant plus que je crois, en toute sincérité, qu'elles sont justes.

L'atmosphère d'une ville, pour ne pas être une chose tangible, n'en est pas moins très réelle, et celle de La Haye est traversée en tous sens par des tendances internationales, tant par les traditions de nombre de siècles que par la situation géographique, la mentalité de ses habitants. A travers toute l'histoire de notre pays, c'est à La Haye que les hommes d'État et diplomates étrangers se sont donné rendez-vous et ont noué des relations.

A l'époque du pensionnaire Jean de Witt, pendant la paix de Rijswijk, dans la période de 1705-1713, précédant la paix d'Utrecht, c'est sur le sol où vous vous trouvez, que les plus grosses questions internationales ont été traitées par les représentants des principales nations. Quoi d'étonnant si ce sol se montre favorable à la croissance de la plante délicate qu'est l'atmosphère?

Or, dans le dernier quart de siècle les conférences de la Paix, l'acte sublime de Carnegie, l'activité de notre grand Asser, auraient justifié les meilleures espérances, sans la grande calamité de 1914. Mais j'aime à croire que le Curatorium a encore raison, quand il est dit dans la circulaire que le droit international sortira de cet immense bouleversement, « fortifié » et « rénové ».

Seulement, si « la conscience juridique du monde » — je cite encore le circulaire — sera convaincue « de la nécessité d'assurer le caractère obligatoire de ses règles », il faudra encore, me semble-t-il, d'énormes efforts. Si les principes éternels de la justice internationale triomphent du chaos que nous voyons autour de nous, s'ils restent debout dans cet océan de haine et d'exaspération qui nous entoure, il faudra que ses apôtres se tendent la main pour une défense énergique contre les violations, dont cette justice est plus que jamais menacée.

Nous sommes encore dans une obscurité profonde et avons besoin des meilleurs guides pour nous conduire vers la lumière.

Eh bien ! la fondation de l'Académie internationale ne représente-t-elle pas un de ces efforts pour éclairer la conscience du monde, et les hommes illustres, dont ce·programme contient les noms, ne sont-ce pas là les guides qui nous conduiront? N'est-ce pas un rôle grandiose que celui d'être le trait d'union entre la Société des Nations et la Cour permanente de Justice internationale?

Voici un groupe de savants, venus des quatre coins du monde pour donner gratuitement, à qui veut les entendre, des cours sur des sujets de première importance. Jamais acte plus généreux ne fut exécuté d'une façon plus large. La municipalité applaudit chau-

dement à cette initiative et forme les vœux les plus ardents pour
que les résultats répondent aux intentions élevées, qui l'ont
inspirée.

Soyez persuadés, Messieurs, que nous ferons tout ce qui est
dans notre pouvoir, si peu que ce soit, pour maintenir, pour
conserver cette atmosphère, que vous avez daigné juger favorable
à son développement.

Enfin, M. le professeur James Brown Scott, secrétaire général de la
Dotation Carnegie, s'exprima en ces termes au nom de la Dotation
Carnegie pour la Paix internationale :

DISCOURS DE M. JAMES BROWN SCOTT

C'est un grand plaisir, Monsieur le Président, Mesdames et
Messieurs, que de se trouver encore une fois aux Pays-Bas, où
Guillaume le Taciturne a établi sur de solides assises la liberté de
la pensée, sans laquelle le développement intellectuel ne serait
qu'un rêve, au lieu d'être un droit acquis à tout le monde ; où
Grotius, « la merveille de la Hollande », a posé les bases du droit
des gens sans lequel on ne pourrait, dans le milieu international,
remplacer le gouvernement arbitraire de l'homme par le gouvernement raisonné du droit.

Nous nous trouvons réunis, dans la résidence royale de Sa
Majesté la Reine, chère à nous tous par de justes titres, pour
ouvrir solennellement une Académie de Droit des Gens, vraiment
internationale, où des professeurs de différentes nationalités,
dans la liberté absolue de la pensée, enseignent les principes du
droit international aux étudiants de différentes nations afin que,
par leur action commune, l'esprit international se développe et
que le droit des gens s'internationalise.

Je tiens à la main une note manuscrite « sur l'idée d'une école
de droit international à La Haye, communication à la Conférence
de la Paix par M. Nélidoff ». C'est de Louis Renault qui a tant

fait pour les Conférences de La Haye, et son nom évoque également celui de M. Asser, tous deux fondateurs de l'Académie qui manquent, hélas! à son ouverture formelle. A notre profond regret, M. van Karnebeek, digne père d'un fils illustre, ne peut, pour des raisons de santé, nous honorer de sa présence personnelle.

Permettez-moi que je vous lise les paroles de M. Nélidoff, de cette note écrite de la main même de M. Renault, le maître et l'ami de nous tous :

« M. Richard Fleischer, rédacteur de la *Deutsche Revue*, m'a envoyé un numéro de son journal, dans lequel le professeur Otfried Nippold, de Berne, recommande à la Conférence la création, à La Haye, auprès du Tribunal d'Arbitrage, d'une école centrale de droit international qui servirait à répandre les saines notions en cette matière et à les enseigner à ceux qui seront plus tard appelés à les appliquer.

» Ce sèrait, j'imagine, un cours de droit réuni à une académie où on étudierait et conserverait les principes continuellement rajeunis par la pratique que leur donnerait le fonctionnement du Tribunal suprême d'Arbitrage. Quelque chose comme « l'Asklepion » qu'avait fondé Hippocrate à l'île de Cos pour la science médicale.

» J'ai cru devoir citer cette intéressante suggestion, car je la trouve sympathique et capable de rendre, si l'idée était appelée à prévaloir, de grands services à la cause que nous servons tous. Peut-être la mention qui en est faite ici et qui rencontre, j'espère, la sympathie de la Conférence, pourra-t-elle inspirer à quelques généreux donateurs l'idée de vouloir, à l'exemple de M. Andrew Carnegie, immortaliser son nom en l'attachant à un établissement qui servira puissamment la cause de la paix et de la justice internationale en contribuant à en répandre les principes et à lui préparer de dignes serviteurs. »

M. Stourdza, alors président du Conseil des Ministres de Roumanie, envoyait, en conséquence de ces remarques de M. Nélidoff, une lettre, accompagnée d'un projet proposant la

création, à La Haye, d'une académie de droit international public
et privé. Le prévoyant homme d'État roumain terminait ainsi
sa lettre : il « siégerait alors à La Haye une institution complète
du Droit des Gens, dont la direction serait confiée à la Conférence de la Paix, l'exécution pratique au Conseil administratif
permanent institué en 1899, et le développement scientifique à
une académie de droit des gens qui maintiendrait d'une manière
méthodique la science à la hauteur des principes énoncés par la
Conférence et la pratique à la hauteur des progrès inaugurés. »

Grâce à la coopération intellectuelle, matérielle et efficace de la
Dotation Carnegie, que j'ai l'honneur de représenter ici dans mon
humble personne, nous réalisons aujourd'hui la suggestion, d'une
façon plus modeste, de M. Nélidoff, par l'installation dans le
Palais de la Paix, fondé par M. Carnegie, de l'Académie de Droit
international de La Haye, établie, comme le dit son titre officiel,
« avec le concours de la Dotation Carnegie pour la Paix internationale ».

C'est le 14 juillet, le jour de la fête de la France moderne. Je
ne puis pas mentionner le nom de cette grande nation sans une
émotion personnelle, parce que c'est la participation généreuse de
la France dans la Révolution américaine qui nous a procuré
l'indépendance des États-Unis dont nous n'avons pas trop abusé.

Mais je suis, sans doute, l'interprète de nous tous, quand
j'exprime l'espoir que la France, sans vouloir dominer par sa
force militaire, remplisse à l'avenir le rôle du passé de la Grèce
et de Rome intellectuelle et que la France se fasse aussi la voix
vivante, vibrante même, de la civilisation non seulement de
l'Europe mais aussi du monde pour la gloire d'elle-même et le
bénéfice de notre pauvre humanité.

J'ai dit.

La séance solennelle d'inauguration fut levée à quatre heures un quart
et un thé intime réunit les assistants dans la grande galerie du Palais de
la Paix.

Le jour même de l'inauguration, S. E. M. Charles Benoist, membre de l'Institut de France, ministre de France, avait eu la délicate attention de convier à déjeuner à l'Hôtel de la Légation, M. le Président du Conseil des Ministres des Pays-Bas, M. le Ministre des Affaires étrangères des Pays-Bas et les personnalités, membres des organes de l'Académie, qui se trouvaient présentes à La Haye (Curatorium, Conseil d'administration, Commission des finances). Ainsi se trouvèrent associés, suivant la pensée que le Curatorium avait déjà eue en fixant au 14 juillet l'inauguration solennelle de l'Académie, la commémoration d'une des grandes dates de l'histoire du monde et le début du fonctionnement effectif de la nouvelle institution.

Le soir, un banquet fut offert à Scheveningue par le Gouvernement néerlandais sous la présidence de S. E. M. le Jonkheer Ruys de Beerenbrouck, président du Conseil des Ministres. Des allocutions, prononcées par M. le Président du Conseil, par S. E. M. Guesalaga, ministre de la République argentine, doyen du Corps diplomatique à La Haye, par M. Heemskerk, ministre de la Justice des Pays-Bas, membre du Curatorium, par M. Loder, président de la Cour permanente de Justice internationale, par M. Lyon-Caen, président du Curatorium, et par M. James Brown Scott, traduisirent éloquemment les sentiments de satisfaction et d'espoir provoqués par l'entrée en fonctionnement de l'Académie.